種植一株寧靜

劉 小 梅 著

文 史 哲 詩 叢
文史哲出版社印行

國家圖書館出版品預行編目資料

種植一株寧靜 / 劉小梅著 -- 初版. – 臺北
市：文史哲, 民 95
面： 公分. --（文史哲詩叢；73）
ISBN 978-957-549-679-1 (平裝)

851.486 95011866

文史哲詩叢 73

種植一株寧靜

著　者：劉　小　梅
出版者：文　史　哲　出　版　社
http://www.lapen.com.tw
登記證字號：行政院新聞局版臺業字五三三七號
發行人：彭　正　雄
發行所：文　史　哲　出　版　社
印刷者：文　史　哲　出　版　社
臺北市羅斯福路一段七十二巷四號
郵政劃撥帳號：一六一八〇一七五
電話886-2-23511028・傳真886-2-23965656

實價新臺幣二四〇元

中華民國九十六年（2007）三月初版

ISBN 978-957-549-679-1

別再叫我「業餘詩人」（代序）

前些時日中國時報報導，席慕蓉女士一口氣整理出版了六本詩集，她大聲抗議，請別再叫她「業餘詩人」。掐指算算，這本《種植一株寧靜》，恰好也是我的第六本詩集，我也要和席姐並肩作戰，諸位，請別再叫我「業餘詩人」！

《今夜有酒》出版前，特邀資深詩人管管賜序，管叔與我平日頗談得來，他的個性直爽，有話直說，不避情面。在該書中，他坦言十分欣賞我的「小」詩，但不愛我的「中」詩，讓我難過了好一陣子，甚至懷疑起自己的「能力」。不料某日，有機會得與讀友閒聊，他們竟異口同聲表示，非常喜愛我的那些「中」詩，尤其一些女性以及年輕族群更不諱言，簡直是「愛不釋手」，甚或當成他們模仿的「Model（模特兒）」。直到那時我才意外發現，原來「評者」與「讀者」之間，竟然存在如此大的「落差」！這也使我終於了解到，爲何舉世在在崇尚齊一化的今天，卻有許多頂級學者要緊急呼籲「物種多樣化」了。詩，何嘗不是如此？所以這本新作，我又「放肆地」寫了數十首「中」詩，與讀者分享。

談到「小」詩，有太多人給我太多的「謬讚」，其實並非我要刻意製造「精品」，而是因爲生活太過忙碌，不得已也。未來若有清閒之日，我也十分願意嘗試一下，目前頗爲流行的「長」詩，不過，面對前輩的曠世才華，確實壓力不小。提到「小」詩，順便補敘一則，《創世紀》詩雜誌一四五期，曾刊登筆者一系列偶作——「種植一株寧靜」，不想卻在翌期中，被詩論家落蒂先生點評如斯：「……有完整自足的小宇宙，超強的想像力，意象十分鮮活，往往像匕首一樣，直接刺中要害……」無意中讀到此處，嚇得心臟撲撲直跳，或許因此「抬舉」，果真引來不少粉絲（Fans）厚愛。思忖再三，終於敲定請它「代言」，於是就產生了這本詩集的「命名」。

書後附錄兩篇評文：一爲資深詩論家金劍先生，一爲近年來最勤於評介的落蒂先生，他們不嫌我這晚輩拙生，先後爲文評介，特此致上十二萬分謝忱。最後還是要向我的老搭檔文史哲掌門人彭正雄先生致意，同時感謝編校，使此書順利付梓，再拜！

劉小梅 寫於竹軒

二〇〇七年三月再校

種植一株寧靜

目 次

城市掠影（三十九帖）

◎之一

老樹聚精會神閱讀著
一幢新建豪宅
風從身邊輕步走過
但仍驚醒酣睡池塘
荒涼退位
時尚登場
鳥卻依舊擁抱著
不懂改革的
晨光

◎之二

鋼琴勇敢地在傾訴
相思
風鈴搖頭

溪中玩耍的鷺鷥
一不小心弄丟了
夏日

◎之三

拒穿西裝的雨絲
飄然而來
帶著他傲人的華采
和風也羞答答伴隨而至

披著她新購的溫柔
喜出望外的涼亭
示意青蛙
奉茶

◎之四

飆風衝浪的人們
死忠地信仰
勇往直前

燕鷗與水鳧
是否在簽署
終戰協定

海

今夜格外容光煥發
在燈悉心為她
紋眉後

◎之五

森林小徑寫滿了詩
以花
我不忍將抬起的腳放下
唯恐踏傷她們的容顏

今日微陰
旅者
趕緊將行囊中的情緒
取出
準時舉行
葬春

◎之六

布偶躺在溪石上
放肆地打著哈欠
海狗雕塑頻頻提醒他
注意形象

剛瘦身的樹叢表示
他們不願過度膨脹自我
無精打采的木凳
逢人便乞討
可否給它一點
愛

◎之七

造訪一座美麗殿堂

空氣溫柔
牆壁香甜可口
燈光清淡
座椅酸辣開胃
價值連城的是
詩的顆粒

◎之八

碧綠湖水　與
金黃夕陽
聯姻
一群悠遊白鵝
嘰嘰喳喳
該送點什麼禮物

啊　有了

我們一同去扛起那座
山的微笑

◎之九

落葉集體在公園
散步
鳥雀獨自在枝椏
傷春
秋　驀然拍拍我的肩膀：
可否坐下聊聊

◎之十

露珠在荷葉上
裸睡
遊客打身邊經過
指指點點

她羞紅著臉
一股勁地
跑遠了

◎之十一

他瘦得只剩下影子
有人說是個零工

當他步履維艱晃遠後
帶走了所有民眾的
心

◎之十二

工人們又在茶毒
那間房舍
輕率地就像果醬

塗抹麵包
半年前才做過
抗老美白
鄰家的粉牆喲
我已清晰聽到你們的
疼痛

◎之十三

抬眼只見
滿樹木棉花正向我
招手
最銷魂的一朵突然
墜樓
我惋惜地拍攝下她的
青春

◎之十四

一隻長得很文學的貝殼在
思想
高處百合聚精會神在
垂涎
何時情話？
急煞那位剛減肥的
月

◎之十五

人去樓空後
幾張老舊藤椅
只能陪著桌子和灰塵
無聊
這户人家的親友僅剩下
路燈

◎之十六

一潭水在禪坐
屋宇怕他孤寂
美意地端來
一盆花

善哉　善哉
月亮說
他的心中有我呢

◎之十七

陽光在躺椅上
打盹
沒穿比基尼
幾棵樹甜蜜為她

守衛

歲月翻牆而過
一不留神
溺斃池中

◎之十八

剛才你說什麼？
好學的樹蛙頻頻
向瀑布請教

活著就要不停流動
像我
即使螢火蟲來訪

◎之十九

研究金融
還是探討科技
一隻鴨子煞有介事在
閱讀
過去瞧瞧
一本缺頁的《老子》
風說　是他
不小心撕掉的

◎之二十

小丑逗弄著兒童
努力叫賣
幽默
皺紋稱讚：

我肯定你的耐心

◎之二十一

是桃花嗎？
說才出口
一陣松香撲鼻而來

風姐毛遂自薦
她是合格導遊
精通多國語言

於是
我們就跟自然
纏綿了一天

◎之二十二

走在鄉間小路
白雲追趕而至
正在修行的山
不便多言

燕群飛過
儘管悄悄
還是嚇醒了
天空

◎之二十三

坐下
輕輕輕輕
別讓貞潔的白椅
感到些微疼痛

一杯芳郁的風景
尚未喝完
愁
已搭船出海了

◎之二十四

走進楓林
冷不防
一個　夢
突然由身旁竄出
似箭

溫柔不在
呼吸不在
但
就是還想再來

再來撿拾那
美不勝收的
悵然

◎之二十五

椰子與小花正在
談情說愛
夕陽願意免費供應
氣氛

有財有勢的企業大樓
偏要來
提親

◎之二十六

撲通一聲
是什麼跌入湖中
我奮力撈起的
竟是
自己的影子

◎之二十七

我為你按摩好嗎？
剛學會拍馬的鸚哥
與白兔爭寵
主人左右為難

書本說
你答應今天陪我
花園可以作証

◎之二十八

一列嫣紅杜鵑
嬌羞地倚在白牆身邊
陽光來叩門時
只有　風
出來接駕

小小小小的都市一隅
住滿了
詩

◎之二十九

山林積極爭取
主角演出權

溪水淡淡回應
隨緣

大地劇院佈告
今日放映
美

◎之三十

我唱的歌兒好聽嗎？
一隻鳥雀煩惱著
該如何向魚示愛

水忙著　流
樹忙著　綠
風也沒空為牠
送信

唯一能指望的就是
手機

◎之三十一

意外
和雨重逢
迅速撐起一支花傘
不是不想敘舊
而是懼怕聆聽
整個世界的
啜泣

咖啡店的濃香
正在招手
憂傷止步

◎之三十二

密密麻麻的屋宅
擠爆城市心臟
夜空一睜開眼
就
氣喘

◎之三十三

信口吹了一支小曲
一群花
忽地抬頭
集體釋放她們
粉嫩的
初戀

我趕緊將浪漫收起
一切交給
春
處理

◎之三十四

打著姑婆芋擋雨
傘下白貓悠閒秀出
詩的身段
牠嫌來來往往的遊客
俗

石板步道一致標榜它們的
不一致
幾堆木材竟也成名

以它們的歪七扭八
所有不美攜手合作了
美

◎之三十五

屋瓦始終堅持它的
紅
漆牆治終堅持它的
白
箭竹始終堅持它的
綠

永不放棄協商
永不放棄固執
它們都宣稱自己是
風景之最

◎之三十六

你累了嗎？
兩把年輕坐椅在公園
歇腳
健朗的榕樹爺爺
直搖頭

多管閒事的
雨
一掌將它倆
打醒

◎之三十七

雕像跟夕陽
在說什麼

海風忙著奔跑
廣告忙著招商
黃昏忙著燦爛

它們都說
沒聽見

◎之三十八

巧克力與壓力
正在桌上談判

我嫉妒
怎麼沒人嫉妒
海的走紅

我也同你一樣寂寞
燈突然告訴啤酒
每個人怎麼都有
那年夏天

◎之三十九

夢
一不小心開了花
在咖啡館裡
時機來了
走
我們到門口迎接
至於風景

其實你也可以
炒出一盤

生活協奏曲（九十四帖）

◎之一

抗議聲此起彼落
憤怒
已成時尚

◎之二

步步驚魂
窗外黑影騷動
凌晨四時半
談聚間

最近流行什麼
——花容失色

◎之三

觀戲
善良百姓群起執戈
由螢幕殺進客廳

飢餓
讓朝廷關門

◎之四

團圓吃湯圓
大夥邊吃邊討論
分家條款

◎之五

微微一點
光
勇敢領導著
滿屋黑暗

◎之六

抽空探視老友
他最愜意的近況是
聾

◎之七

友人滿臉堆笑地捎來
他所謂的誠意
我迫不及待拆開

原來是一盒
包裝精美的
謊言

◎之八

潑掉滿滿一盆
時間
我心疼地撿拾著
粉身碎骨的
未來

◎之九

一個蘋果興沖沖
朝我奔來
鮮艷欲滴

我狠狠忍住了
心動

◎之十

至少還有
冷
在這千篇一律的日子裡

◎之十一

出航
一艘船艦義無反顧地
扛起黎明
不一會兒
黑暗便哭泣而去

◎之十二

訃聞似緋聞般
走紅
我已迅速學會
哀慟的專業

◎之十三

白髮來敲門
我請它稍待
它說快點快點
它還要挨家挨户去送
老

◎之十四

春天已在窗外恭候

梅花也盛妝以待

何時發表宣言？
詩人說
我還要睡一會兒

◎之十五

燈
拋了一個媚眼
詩
慾了

◎之十六

乘一葦小舟
遊湖
滿載而歸的是

色

◎之十七

開出登峰造極的美後
鬱金香退休了
依舊躺成一具名流
即使謝土

◎之十八

偷工減料的磚牆喲
惡夢依晰
風的口袋裡裝滿
百姓的淚

◎之十九

高血壓一腳踢翻了
乾坤
遍地都是
顛倒的是非

◎之二十

將希望裝裱起來
懸於天空
展出
憂鬱辭職了

◎之二十一

即使太陽來點名
我仍支持睡眠的

囂張　與
合法

◎之二十二

驟雨
篡了陽光的位
時間遂變得粘膩不堪
煮一鍋文字
趁熱吃
醒腦

◎之二十三

怕被烏雲撞見
一閃身
我躲入自己殼內

人際關係的安全系數是
距離

◎之二十四

打電話給星星
請它們多送些光芒
給地球

世路黑暗
流浪的靈魂啊
當心被坑

◎之二十五

淘洗一鍋米
彷彿在擦拭一位位農夫
面上的塵砂

時代的脊柱
嚴重側彎

◎之二十六

燃香祈福
一張張的嘴
一支支的籤
廟桌上供的全是
一盤盤的
因果

◎之二十七

棄兒來敲門
給他碗粥
別讓死亡領養他

◎之二十八

天光悄悄爬進窗內
忘情地撫摸著
書的面頰
瞧
他那饞相

◎之二十九

陽光來了
芬芳來了
超現實主義即將
涖臨
各位貴賓
請稍候

◎之三十

靈感奄奄一息
待我去採拾幾副
景象
醫它回春

◎之三十一

不曾染指過　春
不曾推翻過　夏
不曾蹁躚過　秋
不曾出賣過　冬
岩峰啊
它只專心潛修
宏偉

◎之三十二

殺人放火
以嘴
最好的消防政策是
沈默

◎之三十三

理髮
幾分鐘便削落一地
舊思維

◎之三十四

剪六尺天
裁成一件衣裳
灰暗的心靈

再也無需費心
美白

◎之三十五

口服了幾粒詩丸
噴嚏是詩
嘔吐是詩
屋裡每一物件
集體感染

◎之三十六

雨聲淒清
是在為寒冬配樂
還是在渲染
地球的瘀傷

◎之三十七

員工相繼倒下
辦公室每日演奏著
嘆息
陰雨多日
趕緊　兄弟姐妹們
今午太陽召見

◎之三十八

蛋糕和咖啡
絮絮叨叨起來
彷彿多年未見的
知交
窗外落葉含淚飄過
它剛與樹分手

◎之三十九

小小的餐盒
火紅
說是崇尚精緻
其實裡面包裹的是
剝削

◎之四十

美
邀我遊園
花草們忘情地舞著
芭蕾
我也受贈一袋
喜悅

◎之四十一

一杯茶
佔領了整個屋宇
僅以它淡淡的
清芬

◎之四十二

漫步
沿著河岸
關於身旁雄偉的
山巒
就將他婚配給
彩雲吧

◎之四十三

晴天哭了
她總以淚詮釋
午後

◎之四十四

新購一床毛毯
小熊們爭相詢問
誰最美

夜
異常聒噪

◎之四十五

煩惱如黎明
準時報到
我只好穿上微笑
歡迎光臨

◎之四十六

好端端睡個覺
突地被詩咬醒
寫吧
詩人也得當心
被裁員

◎之四十七

寒流來襲
床被吊銷執照
罪名是
窩藏懶惰

◎之四十八

春天剛一上映

觀眾立即爆滿
瞧
花圃的時裝

◎之四十九

選橘子
還是蘋果
小文鳥煩惱不已
啊 有了
叼個夕陽來晚餐

◎之五十

所有能抓住的命運唯有
喘息
落日堅持與我一同對抗

絕望

◎之五十一

悠閒
七折八扣再減半

詩
正在品嚐
惆悵的甜度

◎之五十二

流浪的四季
勤勞的風
感冒發燒而後
咳出一口
老

◎之五十三

友誼發霉了

趁著天晴
趕緊將整箱
污濁的臉
搬出去晒晒

◎之五十四

霧　悄悄
將旅館擁入懷中

梳粧女子推門而出
一口吞下
氤氳

◎之五十五

陽光趴在鞋上
午睡
頑皮的鳥兒頻頻
啄它
嬌艷的花苞遂被
吵醒

◎之五十六

匆匆忙忙出門
匆匆忙忙返家
匆匆忙忙吃完自己
匆匆忙忙
虛無

◎之五十七

天寒地凍
文字們都躲進被窩
它們一致表示
不願外出
讓冬獨自去揮灑
洗鍊的演技

◎之五十八

想跟那座山聊聊
海啊　你竟
搶劫了我的慾望

◎之五十九

終於來了

夕陽乘著舢舨
相思得無藥可救的
茶壺
心跳得好快好快……

◎之六十

幾葉扁舟早已梳好粧
在江邊等候
它們共同的專長是
寂寞

◎之六十一

颯颯的森林啊
是在呼救嗎？
別嫌擠

瞧　我給你們帶來了
滿天的
寬

◎之六十二

豪宅頂樓的窗簾
正悠閒地向下眺望
它聽不見路樹喊
冷

◎之六十三

郵差送來一封
春天
我細細咀嚼了一夜
夢　哇地一聲
哭了

◎之六十四

雨拍拍太陽的肩膀：
輪我值班了

太陽說　你看
那些乞者尚未午餐呢
讓我再陪他們一會兒

◎之六十五

沙發們正在熱烈座談
陽台上的花香
一擁而入
瀑布在牆上裸奔
愉悅猶在臥室哈欠
片刻就來

◎之六十六

然後
又是天黑
黃昏就這樣慢慢
瘦了

◎之六十七

熱情冷了
給它披件外衣

燉一鍋回憶
加點薑
禦寒

◎之六十八

為何強行將我
寬衣解帶
香蕉怒目而視
我只是想幫你
彰顯清白

◎之六十九

水壺
用力將天啼醒
犬兒正與蟬鳴
對話
夏至在眾聲喧嘩中
登場

◎之七十

茶花近來有些
憂鬱
月亮答應來看她

◎之七十一

户籍不詳的一隻鳥
戲謔地吹起口哨
一出巡便逮捕了
整條巷子的
寂寞

◎之七十二

雲從身後偷偷摟住
山腰
明目張膽親吻著
無知的瀑布還在台前

賣命演出
幸福

◎之七十三

鄰家的水早已起床
羞煞
趕緊收拾收拾靈魂
外出
以免再被懶散
糾纏

◎之七十四

思想停工
我拎著倦怠
外出散步

綠樹繁花為小巷演出
一方小小的
春天

◎之七十五

鳳仙花又開了
她從不嫉妒別的花開
而只堅持自己的美麗

◎之七十六

噴洒無效包退
快樂劑一瓶
家具上那層厚厚的
愁
立即消滅

◎之七十七

試吃
冷漠
在空曠的大理石間
遲到的玫瑰
大批趕至
春季終於開鑼

◎之七十八

一聲嬰啼
屋內所有色彩
登時起床
彷佛早點名

幹啥？長官：
打扮生活

◎之七十九

也是流行？
蕃茄在廚具上走秀
哎呀 跌倒了
噓——別笑
它臉都紅了

◎之八十

毫不吝惜地
揮霍青春
一隻蛾背著滿框
任性
牠只崇拜

與眾不同

◎之八十一

不斷飛翔是為找尋
更多的驚訝
直到累了才發覺
原來最美的顏色竟在
自己身上
彩蝶傻笑著

◎之八十二

莫札特
何時搬來隔壁
我還沒跟他打過招呼
派誰去呢
嗯——

耳朵

◎之八十三

穿著一雙白鞋的風信子
寂寞地站在臥室角落
沒人理她
除了
時間

◎之八十四

跟天聊了一個下午
書本哭了
它說
我欠它一個
眼神

◎之八十五

翻滾在綠意盎然的
草地上
與春
臨行時才發現
掉落滿地撿不完的
快樂

◎之八十六

春天
何時進來房間？
與畫耳鬢廝磨
噓——
我們出去

◎之八十七

一棵榕樹與陽光
偷偷約會
整個公園都傳遍了
但
每隻鳥雀都否認
是牠們洩密

◎之八十八

磚牆突然忘了
講古
當一名隆胸女子
招搖走過

◎之八十九

打掃打掃陰霾
為臉換件衣裳
看看心情
起床沒
走
杜鵑今午請客

◎之九十

小白兔出任
兒童親善大使
牠最拿手的絕活是
害羞

◎之九十一

伸手
向櫻花討一個微笑

她慷慨地給我
漫山遍野的
嫵媚

◎之九十二

野百合努力拉客
礁石業績下滑
氣象說
只要提出申請
一律補助一個
春天

◎之九十三

主人尚未就座
書桌上的海棠
已讀遍世界

有何心得？
紙鎮問
花盆搶答：
飢渴

◎之九十四

時間
打著一把白傘
靜靜坐在庭院
我強忍住咳嗽
唯恐嚇跑它的
背影

——以上部分曾刊於「創世紀」詩雜誌

窗裡窗外（十二帖）

◎之一

小小盆栽不做功課
老向窗外張望
是什麼讓它如此
出神
我過去附耳問問
嚇得它
摔了一跤
跟

◎之二

傾慕
以眼神
一棵真樹
與
一瓶假花

憨厚的玻璃窗
不解風情
他倆只好努力學習
遺憾

◎之三

數日不見　你瘦了
白帽心疼地撫摸著
黃橙的面頰

綠地與藍天在遠方
舌吻
相機模糊了眼眶
週末午後讀書會
題目是
戰爭與和平

◎之四

窗外紅楓
學唱新曲
驚醒午睡的地毯
它說　無妨
沈澱的生活需要
攪拌

◎之五

穿著淡紫背心的白椅
向它的倒影質疑
存在的版權

粧台上年老色衰的項鍊
不停地忙著回憶
昔日風華

朦朧的燈問詩人
今晚的文學
如何料理

◎之六

送走一波波顧客後

百葉窗終能和他的最愛——
黃昏
聊聊天了

正在走秀的雲說
你們看　這件低胸蕾絲裙
能否成為下季時裝的
花魁

◎之七

屋內人們在做什麼
浴後散步的青蛙
興致勃勃爬上欄杆
縝密的研究報告出爐
結論是

干卿底事

◎之八

黃菊努力綻放
是怕相框嫌她
遊手好閒

白雲偽造冰山膺品
奇怪
怎未吊銷執照

茶几也鬧革命
它說
它的幸福在
窗外

◎之九

昨晚睡得好嗎？
沙窗問地板
溫柔依舊

今日
由鐘錶裡匆匆走出
忘了穿鞋

屏風極力為床
遮羞
它警告陽光
非禮勿視

◎之十

約會
時時刻刻
與藍天

它總叫我快樂
別偷懶

獎賞是
一窗笑盈盈的
綠

◎之十一

路燈目不轉睛
色瞇瞇地偷窺
打哈欠的嬌憨白貓
面露不悅

牠要主人命令
玻璃
不准透明

◎之十二

樹葉在窗外
擠眉弄眼
我歉然地婉拒：
實在走不開

因為
春天正在與我
午餐

颱風日誌（組詩）

◎之一：洪流

驚濤駭浪已經撲到胸前
災民共同的臉色是
無奈
一隻狗乘坐皮筏
倉皇逃生
神明猶在佛龕
著急
斷電後鄰里一片漆黑
這已不是他們首度品嚐

暗無天日
記者肩上個個扛著幾頓
沈重
飯碗比洪流更令人
膽顫心驚

◎之二：任務

橋斷路塌
咆哮
湍急溪流在腳下

一名工人
兩部推土機
看
他那瘦弱體軀
如何爬過死神的背脊

◎之三：你是否忘記了

子女病懨懨
瓜果痛斷腸
種苗高喊找不到
阿公的家
關於悲情
我已賣力演出
山說

白雲啊
白雲
你是否忘記了
怎樣流淚

◎之四：共　業

強風跟暴雨合夥
搶劫
整座島嶼的
夢

城市與鄉鎮連袂
抵抗
災禍之霸凌
以他們蠅量級的
善

年 景（組詩）

◎之一

把愁拿出去晾著
打掃打掃黑暗
光明即將來訪

◎之二

而這樣
而那樣
忙
已統治天下

◎之三

唏哩嘩啦聲中
年
拭乾眼淚
唱著歌兒蹦遠了

——曾刊於「乾坤詩刊」

跟月色簽約

不經意走進一家
綠葉佈置的餐廳
裡面淡淡飄著
藍調的音樂
我靠在柔軟的沙發椅背上
感到一股說不出的睏倦
醒時只見
時間與空間已入席共飲
玫瑰與麵包正親蜜對話
鞋履和鈔票來來往往
曾幾何時

咖啡尚熱茶已冷
我借來一支
既非名牌也無權勢的筆
跟月色簽約
誓言將關愛公平送達
每一扇門窗
縱使它們貧窮得
買不起光亮

——曾刊於「創世紀」詩雜誌

美的進行式

竹子羞答答在簾內
渴慕落日
美人靜悄悄在池畔
品味花香
小草們搖頭晃腦在思想
如何書寫幸福
心臟與肺臟在傾訴
奮鬥的艱辛
風兒慈悲地送來一陣
免費的涼
鸚鵡頻頻懇求

幫牠泡杯咖啡
我說　要不要加點
糖

——曾刊於「創世紀」詩雜誌

聆聽

今天的思想過鹹
我用一整個下午去聆聽
水的呢喃

聽著聽著
詩
就駕著馬車來了

——曾刊於「創世紀」詩雜誌

藝師

忙著雕刻
雨的情緒
使我無暇解讀
你的唇線

孤寂是我允諾繪製的
下一批龐大訂單

至於幸福
那該是個什麼形狀？
讓我想想

——曾刊於「創世紀」詩雜誌

景觀

斷壁殘垣
是戰爭大師發表的
景觀主張？
所有言語都沈默了
都沈默了
隨同落日
哭泣的嬰兒呀
今晚你的食物是
風砂

——曾刊於「創世紀」詩雜誌

單車

濃蔭下
一輛瘦骨嶙峋的單車
它的任務是
忠心耿耿地等待

看著街上許許多多
臉譜走過
來不及拍攝
因為它自己也正忙著
落寞

金光不時從搖曳樹隙灑下
但未與它交談
繁榮就矗立對面
它卻高攀不起

無精打采下工的主人
終於來了
長相同它一樣
破舊

——曾刊於「創世紀」詩雜誌

把秋天邀來庭院

丹桂擅做主張
把秋天
邀來庭院

我請它多玩一會兒
它搖搖頭説
不
我得趕緊去視察
剛才來時
夾道歡迎的民眾
人人提著一壺
淚

——曾刊於「創世紀」詩雜誌

種植一株寧靜

想在齒縫中種植一株
寧靜
種籽何尋

突然
一粒
空
由佛經中姿態優雅地
躍出

——曾刊於「創世紀」詩雜誌

聲聲慢

一隻肥鳥在瘦枝
靜靜聆聽
歲月的腳步
水流依舊年輕
黃昏老了

青山從不諂媚旅者
陽光自願引路
翠木與蕨相遇
夜夜夜談
寺音飄渺
聲聲——慢
大夥滿載而歸

人手一籃
禪

——曾刊於「創世紀」詩雜誌

一首詩的模樣

把三十分鐘
折疊成一首詩的模樣
有雙翼
讓它飛翔

它說
這等季節
不適於憔悴

——曾刊於「創世紀」詩雜誌

到山裡採雲去

——訪橋橋師母以及她的夢

到山裡採雲去
拜訪
山坳裡的小木屋
銀髯白髮的老公婆
輕輕　貓一般的腳步
別驚醒他們
粉紅色的午寐

桂花　蛋糕　酒
附帶一些

顯影劑
好讓他們的往日重現
防腐劑
糖醃他們的美麗神話
還有一盒檸檬味的
月亮

到山裡採雲去
輕輕 貓一般的腳步
噓——
別驚醒他們
粉紅色的午寐

——二〇〇五年三月廿三日凌晨四時完稿

（註）瘂弦夫人張橋橋女士年前安息，兩個多月後，收到恩師賜函，附寄師母結婚翌年寫的一篇散文「花非花」，該文發表於一九六六年五月號《幼獅文藝》。由於多年來兩家交往甚密，遵師囑，寫一首詩以茲悼念。下筆前，朗誦與家人共賞，咸認若非病魔摧殘，師母必將成爲一位出類拔萃的作家。登時詩興淋漓，連夜寫就此詩，拜訪師母去也。

——曾刊於「創世紀」詩雜誌

寄信

唯一稱得上是件閒事的
大概就是出去寄封信了
哎呀
稍一不慎
將自己的心
連同那封信
一起丟進了郵筒
如何將那顆心揪出
安回體內？
……………

終於解困了
多虧燦紅的晚霞
努力垂釣

——曾刊於「創世紀」詩雜誌

重逢

風和日朗鴛鴦戲水的美景中
你我在久別後
重逢

華麗盛裝包裹著一顆
冰透的心
唯一熱絡的交談是
沈默
一陣風砂吹痛了眼
但
我卻忘記如何流淚

熙攘人群間我們同步邁進
只是
你走你的坦途
我走我的窄徑
會合在這暖暖的
秋江上
然後興奮慶祝
我們完美演出了一幕
重逢

焚情

當縷縷青春化為
翩翩灰蝶
冉冉飄升　飄升
愛已紛飛
如雪

還在下雪嗎

雪湖畔的櫻花
是否紅顏已老

複製一份
當年
枯枝上的晨鴉
是在叫醒春天
還是鼓噪分離

往事如餐宴
一道道相繼端出

落葉約我

落葉敲敲我的頭顱
該醒醒了
走　到湖邊去釣些
秋味
然後一起去聽月亮
演講
相思該如何
消炎鎮痛

一個人的歲月

風從門隙偷窺我
未化粧的心情

飛蛾以具體行動表達牠
沒有意識形態的體貼

我在月曆上撿到一枚
穿著巴黎時裝的貝殼

花器物語

再談出走
太陳腔爛調

做為鐵窗內的乙只
廉價瓷器
它強烈主張安定主義

在深戀的大理花圓寂後
舉世最嚮往的住所即是
這一方風雨從未給予優惠的
陽台

紫的演出

一團團繡球花
正在窗前演出
她的紫
她的粉嫩
她奔放的心跳
她的——
獨一無二

成功的重量

帶著一顆傷癒的心
走出自己的殼

採購幾斤生氣
和日子一起煮湯
今天胃口大開

出售書房存貨時
秤秤那些成功的重量
買者說
一斤　一元

清晨

把清晨
緊緊握在掌心
疼著　愛著　呵護著
一不留神
它竟飛了

我只好提著太陽
匆匆出發
去趕赴一場
歲月危機研討會

進補

想要極力捕捉
今日
備妥一切心情
和紙筆
等它入甕
它卻明目張膽
擦身而過
我火速　購入半打
創意
為詩進補

啖蓮子

一碗香甜蓮子
可口入胃
在被咀嚼吞噬的過程中
它的笑容
有沒有一絲勉強

當我緩緩咬開
最後一粒
它的心突然迸出一聲
苦啊

近來

將時光切片
薄薄的
涼拌

花香是特效藥
開給心情的
飯後睡前服用

無聊
不是貴族專利
近來都在馬不停啼忙著
懶散

低糖人生

唯一的慾望僅剩山水
但也只是嚮往
唯一的友誼僅剩日月
但也只是觀賞
世事均無重量
包括情愛
連　愁
都懶

不是憂鬱

不是憂鬱
只是有點心靈發炎

將茶粉融入溫水
緩緩攪拌
今日的滋味濃重苦澀

疲憊的姿勢
是否也可申請專利

本週晚課的主題是
聽雨

果子也笑了

速速將倦怠革職
起身
煮點詩
一勺勺把信心餵飽
向周遭募些寧靜
讓心靈流暢地彈奏
今日

仲夏之雨
微甘
果子也笑了

把日子梳成一種新款式

把日子梳成一種新款式

打開書的鈕扣
裸露的內容
鮮美而聳動
燈也瞇著眼兒
看得廢寢忘餐

當心　頸子歪了
作者忍不住
重重地咳了一聲

喫茶去

提著一袋重重的
愁
到茶園納涼
風兒忙來送吻
它不嫌貧

我把一顆冰心
泡在熱茶裡
愉悅地飲著
旁人難以窺伺的
冷

薄薄的太陽急著下山
我也只好起身離去
提著一袋輕輕的
雲

夜遊

興致循著步道前進
繽紛站在遠方恭候
藍天正在演出
宇宙的寬容
旅者共同的心聲是
寧靜

終於抵達
小木屋穿上盞盞明燈
親自設宴款待
森林和星星

都熱鬧出席
詩與酒
正情話綿綿
避免尷尬
夜　只好獨自在天空
散步

我們的

擁抱一片海
以視覺

沙灘上的那些腳印
留作標本吧

燦爛的黃昏也攜回
還有一箱裝的是
我們的
意猶未盡

在

春天在椅子上
發呆
牆壁在聆聽
光的呼吸
玻璃在眺望
夜的容顏
水在思想
有關它的身世
我的詩
在和我的靈魂
繾綣

夏日切片

買一片海
貼在牆上
俯仰

開啓腦門
接待眾生入內
陳情

靈魂出訪
獵回滿筐面龐
賦詩

小樓梳妝
只盼一見久違的
秋涼

四季

庭園裡的茉莉
從未不甘於平凡
長青樹只專心養生
無暇非禮鄰居
蝴蝶蘭懼老
不敢對時間嗆聲
暮色翩然落腳白牆
希臘亦追隨而至
空氣大搖大擺入境
涼爽是民調指定贈品
四季輕輕走過
沒人窺見她
何時更衣

湖濱散記

寺廟壓頂
湖水從不抱怨
沈重

寒冬降臨
岩石依舊不動
聲色

心靈忙碌了半天
只看懂
天空的心情

歷史的樣式

雨了一個下午
我把自己活成
歷史的樣式
包括情緒的顏色

政治的笑容
人心的高度
握手或者袖手
交媾或者交戰

抓起一把嘆息
嚐嚐
有何不同
古今

去逛菜市場

提著竹籃與賢慧
去逛菜市場
增添一些生活寬度

彷彿是另一星球的語碼
連笑容也有議價空間
詩人肯定是一頭怪獸
在他們心中
我盡量不使自己的演出
太過突兀
面對那些來路不明的眼神
在天空見證下
我買了一籃民意
返家

拜訪山居

庭院裡的茶座
打著把巨傘
以免他們的故事
被淋濕
笑與淚和寂寞
也應像骨董般妥善珍藏
歲月的版權只出售給
回憶

守衛在欄外的大王椰子
它們的任務即是

看山觀水
偶而跟墓碑聊聊
生死輪迴
待詩來訪時
奉上一盤
境界

儘管我也專擅

數學公式般的日子
生而復亡

今天
明知會像腐果墜落
卻還庸俗地起床

儘管我也專擅
形而上的嘆息

興隆路上

又有一家店面關門
在通往郵局的短短距離
旁邊經常光顧的餃子館
早已人去樓空

順便到對面藥房採購
人到中年⋯⋯
隔壁親切懸壺的中醫診所
正在飛土揚塵地拆卸招牌

轉角處的唱片行
曾幾何時也悄悄遷移
唯一留下的是
曾經紅極一時如今不知去向的
歌星巨照
依舊貼在玻璃窗上
朝著沒有任何觀眾的街道
賣力微笑

漫步在興隆路上
業績最耀眼的唯有
陽光
在這揮汗如夏的冬日午後

蓆販

繡著的花
鑲著的邊
一股淡淡的蓆香
但卻廉價得對不起那些
草　的尊嚴

搶噢——

販者的笑容如飛機
由高空陡降
當人群一眨眼散盡後
父子倆就地合吃起

一個簡陋的便當
互讓中
唯一的肉片
從販者腿間不慎落地
剛巧有一隻狗經過……

小巷之冬

鄰家歲月同我相差無幾
除了詩
他們的冬天也和我一樣
冷冽
包括凍僵的笑容與
雙膝

樹葉不斷凋零
沒有哭泣
只是悲涼

今日天氣多汁
路上匆行的盡是一片
灰黑

陰陽道

——為一名意欲棄世者而寫

孤獨地流浪
像水
他要奔向何方
敢問

冷
輕而易舉便掌握世界
寂寥　是美麗河岸
今夜極力促銷的賣點
歸去吧！憂鬱的眼瞳
看
星星都睡了

面具

宴會已經開始
名流雲集
所有燈光都使出渾身解數
展示著
超越它們實力的明亮

眼神滿場飛舞
像獵人
地毯式地搜巡肥物
桌檯上的餐點

渴望愛又怕被傷害
色味俱佳的雞尾酒
早已習慣被冷凍的命運

繁華落盡
忙碌的舞台終得喘息
清潔員掃出一地
面具

江湖

江湖傳言
我早已亡於他的劍下
你看
他正笑容滿面與我
把酒言歡噓寒問暖
熱絡而親切
餐桌上的溫度節節高升
鍋裡的羊肉也沸騰不已

茶餘飯後
烽煙四起

我誓死擁護
唇角的弧度

散後
途經信義大道
北風呼呼
冬雨綿綿
氣象預告
下一波寒流
更冷

改裝

頭顱年久失修
決心大肆整頓一番
先將舊貨除清
再更換一套新
思維

搶購一枚太陽
他正大量贈送光明
添加一排資料櫃
置放過多的曾經

最要緊的是留下一片
空白
以便填寫
未來

會議

葡萄與芭樂在盤中
頻頻耳語
即將蒞臨的投資大師
是何尊容

股票　基金　保險
今天的會議主題格外肅殺
日光燈也燥鬱不安
雷雨來得正是時候
一舉驚醒桌上昏昏欲睡的

獵户專案
此起彼落的清嗓聲
意味與會者準備隆重秀出
他們數日不眠不休的
處心積慮

畫魂

古松與山嵐禁不住
眉來眼去
老叟視而不見
兀自在舢舨
垂釣歲月
方圓二章都堅持
永續對奕
苔說
遜者罰請薄萊酒

小鎮行腳

面對路人視為悅目的風景
紅磚黑瓦的反應是
瘖啞

看盡生命榮枯
如今他們最驕傲的是
平凡

再去跟小販買碗剉冰
這塊土地每每凡事過熱

遊園

燈光躍入池中納涼
雲彩躺在屋頂凝望
椰子撢撢衣裳
準備與天空合影
竹簾將風聲偷偷捲起
以免驚擾酒杯的夢
桌巾目不轉睛在測量
寂寞的純度
荷葉紛紛洗耳
以便傾聽訪客的
足音
思念的人兒哪
人在何方

風 景

為了等待一碗米糧
麻雀們在陽台躍上躍下
極力展演自己的
姿態

我信手拾起一幕
絕美的
風景

一綹細細的感傷

彷彿在收殮
衣服的屍體
曾經它們是那麼貌美年輕

至於那些活著的
我虔敬地將它們一件件疊好
按照它們的角色
然後放回各自的舞台
繼續演出
繼續老

炎炎夏日
一綹細細的感傷
掠過心頭

徜徉

放浪岩岸
觸手撈起
一把歌聲
小河說那是她的

三隻鶴鳥同步翔起
意欲叼下天空？

遠方公寓
是在觀賞風景
還是被風景觀賞

悠然中
時間突然來電
燈火已在家中久候

煩惱之表述

今天要繳交的作業是
煩惱之表述
令煩惱
十分煩惱

問問地毯
被踐踏的滋味
問問房舍
被推翻的心情
問問墓碑
歷史的光晃

問問細姨
愛慾的版圖
問問藍天的身高
問問黑水的容顏
問問蜉蝣的青春
問問口舌的病毒
…………………
今天要繳交的作業是
煩惱之表述
令煩惱
十分煩惱

星星背我回家

選了一張木凳坐下
夕陽準時赴約
我為它拂去桌上風塵
一起等待共飲的甜蜜

新來乍到的啤酒
有著情竇初開的喜悅
輕輕夾起一片樹影
佐餐
幾瓶思念入肚
星星說
是它背我回家

梵唱即將開始

梵唱即將開始
寺外繁忙異常
小草均已沐浴
老樹方才整裝
陽光和雨露正在協商
誰先出場

山風躲在遠處偷偷演練
沒人知道它將說些什麼
禮讚
天空穿了一件海藍襯衫

它將手挽白雲共同列席
磚瓦石柱以身作則
一律齋戒禁語
眾生合什
梵唱即將開始

發現一種生活

夢
坐在沙發上
看電視
客廳無人

時間正在跟名人仿畫
議價
上了年紀的牆
嫌它們聒噪

香蕉喋喋不休

逼著酪梨去減肥
餐桌要它
封口
電腦昨日才剛病逝

吊燈賦閑已久
似乎忘了如何明亮
主人終於返家
聽
夜在開鎖

好久不見

燭光早在桌上等待
風雨勿進

歡樂只接受
預約
偶而拼一下
友誼
人生苦短

氣氛已在門口瞭望
我們到達時
感覺立刻被開啓
香檳一般

幸福原來只是

鄰家的蔥油餅
竭誠歡迎我的慾望
光臨

酷暑陣雨謙虛地直嚷著
要捐出眾生的贊歎

疾病倉皇奪門而出
我來不及向它道別

一隊螞蟻扛著自己的生命
勇往直前
唯一能為牠們服務的是
致敬

陽光從樓梯上走下來

陽光
從樓梯上走下來
盆栽率先出迎
它說禮數不周
只帶來
藍天一片

我與它席地而坐
聆聽彼此
茶說
我可以為你們服務嗎？

不只是靜靜坐著看花

不只是靜靜坐著看花
生活也應像拳擊手
不停地躍動

到災區走走
以眼
跟缸裡寂寞的魚聊聊天
跟絕對的歷史抬個槓
跟乖舛的命運打個商量
為冤者學習擊鼓
為和平鍛鍊腳力

將山水移居腦中
將信義種植心田
還有一畝畝亟待施肥的
愛

不只是靜靜坐著看花
生活也應像拳擊手
不停地躍動

附錄一

一位「拒絕主流」的詩人劉小梅

詩論家 金劍

研讀現代詩，爲作者從事文學創作重要的一環，現代詩在台灣文學的創作史上，有其輝煌燦爛的一頁，詩人眾多，成就非凡，有心人當可洞悉其創作過程的艱辛和喜樂感受。

承女詩人劉小梅惠贈《刺心》、《今夜有酒》、《雕像》三本詩集，真是喜出望外，就憑這三本詩集的命名，已有濃濃詩意，隱現之間，窺見詩的真正面目和神采靈氣。

劉小梅原是一位傑出電台節目主持人，由於曾經主持過藝文活動和新聞報導工作，而她本人又是攻讀教育心理學的高材生，便很容易觸發寫作靈感，曾經寫過多本散文和小說，寫詩的時間雖然不算長久，但卻充分表現高度才華。

劉小梅詩的創作重點，都是目染耳濡的社會驚心動魄題材，尤其在《刺心》詩集中的八十五首詩，幾乎全是社會新聞的現代生活縮影，其中每個人物的遭遇，值得專家探討和使讀者無限的感動！我在讀這些詩時，便想到美國大詩人惠特曼（Whitman）的《草葉集》（Leaves of Grass），對當時美國社會百象的生動描述，其歌頌自開國以來胼手胝足的壯志豪情，可謂有血有淚，發人深省。而在台灣社會各階層人物的刻劃和其遭遇，更有驚人之見和神來之筆！十足顯示出詩人銳敏的奔放詩思和創見。

劉小梅在詩的創作歷程上，由早期的抒情浪漫，進展到社會理性和空靈思想的人生境界。她似乎是一位「原詩人」，先天具有詩人的氣質和本能，以及不受人性污染的優越條件。

在《刺心》詩集中，有「冷啊」——爲一名被施毒過量致死的應召女而寫。

『被棄屍於垃圾堆旁
充當不明物體

寒啊
夜溫十一

她顫顫抖抖拾起自己的靈魂
掩面而泣

家　是一座

不安的火山
愛　是一罈
未釀的酒
友伴
已昧著良心將她出賣
（或不得已）
冷啊
緊著這件單衣
愁啊
誰來為她做「頭七」』

短短十七句，將一位不幸的應召女郎由生到死的深刻描繪呈現，字字血淚，對殘酷的社會人情冷暖，作了一次嚴厲的解剖和批判！誠然，應召女郎原是爲生活所迫而走向絕途，有的確屬不得已而爲之。如「家／是一座／不安的火山／愛／是一罈／未釀的酒。」其遣詞用字的詩語言和意象，在劉小梅的筆下運用自如，使讀者留下極爲深刻的印象。

有人說，詩是文學的花朵，也是藝術的真善美結晶品，詩之所以驚人心魄，動人情緒，因爲詩正如覃子豪先生所云：「以最精煉而有節奏的語言，將詩人對世界的一切事物的主動意念，予以形象化和意境創造，而能給讀者一種美感的，就是詩。」讀劉小梅的三本詩集（《雕像》、《今夜有酒》、《刺心》），的確發現她對詩題材的選擇，雖然是一些生活上的感受和極平凡的事物，但她能在每首詩的體質上先予以淨化和美化，再創造出極生動而充滿智慧的詩語言，並賦予鮮明的意象，以提昇其人生藝術境界。

「將你的青春
浸入福馬林
做為我永恆回味的標本
將你的溫柔
裹成木乃伊

置於我從不對外開放的心室

將你的滄桑
冰存零下攝氏十八度
做為我雕像塑模的藍圖

將你的名字
裝進時空膠囊
飛越千秋萬代物質不滅

——《雕像》詩集「許你一個未來」篇

簡短的十二行，道出對一位慕念者的「青春」、「溫柔」、「滄桑」、「名字」的傳真和敬愛，這種極其傳神的詩語言和意象創造，非寫情詩高手，莫能爲此。

「漫步湖邊
冷不防

被垂柳吻了一記
我立刻興師問罪
他囁囁嚅嚅地答道
都是
風
幕後主使

——《雕像》詩集「散心」篇

這首「散心」詩，曾有幾位名詩人評判過，是一首極爲傳神而生動的好詩，在卅六個字之間，前後脈絡一貫，使你難以更改一字。尤其是「冷不防／被垂柳吻了一記／」，或「都是／風／幕後主使」，以這種祇能意會不可言傳的「垂柳」和「風」的形象「偷襲」及「主使」，稱得上是「俏皮」和「戲謔」所表達的神來之筆。所以美國詩人桑德堡（Garl Sandburg）說過：「詩是一扇門一開一啓之所洞見」。詩人有時也多愁善感，既然悠閒的漫步湖邊，卻隱隱瞧見「風」和「柳」在捉弄多情人。這不是「詩門」的開啓惹來的禍麼？

「蕃茄先生」一詩，是劉小梅寫的一首最有深度的詩。對《心經》中佛理佛性佛道闡釋亦多；二六〇字的《心經》，溶于詩的意象與內涵之中，研讀《心經》者，一見便知劉小梅對佛學的造詣，當代對佛學有鑽研心得的詩人，周夢蝶算是一位。據云周夢蝶對劉小梅的詩極爲讚賞，想這首「蕃茄先生」，如果讓周公看到時，當然會有「吾道不孤」的感覺。

「顧客上門時
賣幾斤紅塵
生意清淡時
誦一卷心經
十八年的蕃茄生涯
不垢不淨
「大學生」販售業績
不減不增
葬儀車吹唱而過

他僅尋常一句：
不滅不生

遠離顛倒夢想
一夜好眠

晨起
梳洗掉一切罣礙
他又將重返市囂
觀看一波波行色匆匆的
無明

——《刺心》詩集「蕃茄先生」篇

劉小梅在這首「蕃茄先生」詩中，在《心經》的二六〇字之間，共取用了「不垢不淨」、「不減不增」、「不滅不生」、「顛倒夢想」、「罣礙」、「無明」，以及《心經》等廿二個佛性經文，其置之全詩關鍵緊要之處，而詩句押韻，貼切自然，這種難得一讀的現代詩，在現代詩人的作品中，還是作者第一次拜讀，因爲詮釋佛理而納入詩境技巧表現的詩最難寫好。

在《雕像》詩集中，有不少引人發笑的詩篇。

「一隻絕不降格以求的蚊子
在通過極度飢餓試煉後
終於覓得門當户對的伴侶——
詩人

在吮足大師之血後
牠也成了飽學之士
出版了第一本詩集
此刻
正嗡嗡得意地進行著
新書發表會

——《雕像》詩集「會寫詩的蚊子」篇

如此順手拈來的題材，詩境平淺而寓意深遠，對現代所謂「詩人」，無形中作了一次體檢，是嘲諷，也是提醒。

《今夜有酒》詩集中，令人激賞的是「紅塵速寫」（一百帖），劉小梅對各種事物觀察入微，以跳躍似的詩句，不斷展現在你的眼前，是美的回憶，是現實的傳神景幕，是思維的不斷激揚和超昇。

劉小梅寫詩的時間不算長久，居然能連續推出四本詩集，並獲得多種獎項。獎勵就是鼓勵，能以作品見重於當代，並能影響當代與後代詩人讀者的，乃爲作品的思想與風格，以及作者本人崇高的理念與品性。劉小梅待人真誠、態度謙卑而自然，性格開朗瀟脫而風趣（當然，也有憂鬱），都是一位真正詩人的必具條件，適如她在《刺心》詩集中，以「拒絕主流」而作「自序」所云：『我寫詩的態度，一言以蔽之，那就是「拒絕主流」；拒絕爲「諂媚評審」而寫，拒絕爲「銷售業績」而寫，拒絕隨「偶像」的指揮棒起舞……。詩人也應像企業一樣，應該創造自有品牌，並爲自己所製造的一切後果負責。」總之，劉小梅的真知灼見，已探索到詩藝術的門限和奧秘，祇要不斷創作和鍛鍊，相信未來的詩作，更能贏得無數詩人與讀者的喝采！並盼能與非「拒絕主流」的作者讀者共勉之。

附錄二

求眞求善求美

——簡論劉小梅的詩

詩論家 落 蒂

壹、詩人生平：（略）

貳、詩作特色：

一、詩中有強烈的「新聞性」，屬於現實主義的寫作風格：例如《刺心》詩集中，有百分之八十均附上，爲某某人或某某事件而寫。詩人身爲新聞工作者，每日接觸來自四面八方的感人事件，因深有所感，發而爲詩，絕不空泛，自然生動感人。名詩人辛鬱在爲《刺心》詩集寫序時說：「作爲一個媒體人，劉小梅有銳敏猛利的生活觸覺。作爲一個文學人，劉小梅有勇毅執著的藝術良知。」由於有「敏銳的觸覺」，才能對周遭發生的事，深有所感。由於有「藝術良知」，才能將這些素材，妥善書寫，成爲詩篇。

由於「新聞詩」是「現實主義」的文學，特色著重在「真的發掘」，蕭蕭在他的《台灣新詩美學》中就有一段論述：「真的挖掘，這是現實主義者的宗教，生活就是一切，生活的原貌就是文學不必修飾的美，活在此刻，活在眼前，活在當下，跟時代同脈膊，跟語言共呼吸，跟土地、人民相與視息。」可以用來印證劉小梅「新聞詩」現實主義的特色。

二、詩中皆有所指，不會「不知所云」，由於劉小梅的詩大都是「新聞詩」，具有普遍的社會性，不但皆有所指，不會不知所云，而且往往能刺中人心。她在《問紅塵》詩集的自序中說：「中國的現代人為什麼不讀現代詩？經過筆者非正式的抽樣調查，一般人對於現代詩『不知所云』是最大的致命傷。有人甚至表示，人家是『橫看成嶺側成峰』，他們則是「橫看豎看都不懂」，看來詩人們自認『有水平的』、『超前衛的』、『新意識的』那些傑作，並不一定成為讀者心中的最愛，反而常常嚇跑讀者，讓人終生不願開卷。」她既指出現代詩之病，自己當然不會「如法炮製」，因此她在《刺心》詩集自序中又說，面對這種情況，她「拒絕當主流」如果晦澀是主流的話。前面提到辛鬱的序文中也有類似的一段話：「當下詩壇，視語言技巧為第一高招，因此許多詩作，完全不顧內涵的具體表達而在語言的枝節上玩耍，弄得讀詩人頭痛腦脹，自討了許多苦吃，卻一無所得。然而，這類型詩作不僅已躍登詩壇主流，且已有許多論述文字，為這類型詩作助威：但長篇大論的解析，能否使它們真正站得住腳，似乎還需要時間驗證。」與劉小梅所見略同，不論詩人如何表達，有內涵、有所陳述，應該是今後詩人的方向，劉小梅雖踽踽獨行，方向卻是正確的。

三、淺白有味，雋永耐讀：拒絕晦澀的劉小梅，並沒有「赤裸裸的表白」，如木那樣，不但乏味，而且不是詩。沈謙博士爲劉小梅詩集《驚艷》作序，就指出了她在此詩集中的特色，第一、「小詩往往用來抒情，捕捉一剎那的感受。作者將舊友的訊息譬喻強烈颱風來襲，使得思緒激盪，點點滴滴紛紛擾擾，剪不斷，理還亂，真是既愛又怕。」第二、「小詩有恬適，也有淒美。作者將酸甜苦辣的回憶『擬虛爲實』，因此得了『心靈潰瘍』這當然是無理而妙的『反常合道』」第三、「小詩須翻空出奇，才耐人尋味。作者通過移情作用，將『靈感』擬人化，表達了溫柔敦厚之外的詩人之怒。」第四、「作者雖然詩齡不長，但是卻時時靈光乍現，奇思雋語，唾咳而出。」以上括弧中的要點均出自沈謙博士宏論，他序末引林逋的〈山園小梅〉古詩，以「疏影橫斜」的豐姿搖曳，「暗香浮動」的芳馨傳遞來盛讚劉小梅的詩作，不愧爲知音。

四、觀察入微，驅遣文字，如兵家指揮百萬大軍：李瑞騰博士也爲詩集《驚艷》作序，指出不少劉小梅的特色。例如他說劉小梅「兩年寫了三本詩」，創作量驚人，究其原因乃是「她平日細細觀察眼前事象，驅遣字句皆如可用之兵，有紀律，又靈活有戰鬥力。」指其寫法如古人論絕句時說的，「語近情遙，含吐不露。」對所寫體材有「真切的體會」，又有「企圖心與意志力」，「詩人把不可能變成可能，喻旨非常清楚。」，「能從現實人生中取材，迅速有力地給出她的感悟。」，整體來說，「劉小梅因物起興，表達一種立即的驚嘆，或突然的了悟。」語雖多有肯定，但仍不忘勉勵劉小梅「可以沉潛下來」，然後再出發，應有所突破，讚美有之，勉勵有之，令人激賞。

五、真誠無妄：蕭蕭爲劉小梅的詩集《今夜有酒》作序時說：「不誠就是不真，不真，文學是零，人生是零。」一語道破劉小梅詩中的特色。他又說：「她的詩作篇篇有感而發，生活中的偶遇，社會上的親聞，總是一再觸動她靈敏的心，隨手擷取，隨意揮灑，佳作就這樣源源不絕，奔湧而出。」又說：「像劉小梅這樣大剌剌以生活語言直接入詩，衝破性別框架，形成特殊景觀，創造出屬於個人風格的語言特質。」不過，蕭蕭還是不忘提醒劉小梅，要在「詩路上畫下深深的刻痕，認真考慮要添加什麼樣的『0』，累積分數。」，真是「一」，後面再加「零」，才有意義而且愈多愈好。

參、意外驚喜：

名詩人張默也在《雕像》詩集序中說「劉小梅的文學世界悠然自得，她以小小的詩筆，精心繪出自己所關注的現實，各個不同的風景，陪伴它們一起落實，與輝煌。」又說：「劉小梅的詩作，往往傳達給讀者的是多種生活的面影，深深淺淺不必細剖的感覺，如果你把讀詩的心情延伸到她所捕捉的獨具的丘壑裡，或許，你會有意料不到的發現與驚喜。」

劉小梅的詩，大體上均從她的廣播工作中提煉題材，「新聞」爲其詩作的重要礦源，詩人中沒有第二個人能像她如此「廣泛深入」，張默讚美她：「具有非常犀利的解剖綜合能力。」劉小梅在面對如此多的讚美，應把每次自序中的「酸性的話語」去除，專心詩作。她還年輕，應可交出更亮麗的成績。

——曾刊於「台灣時報」副刊